Inhaltsverzeichnis

A Wichtige Informationen

Bitte lesen Sie vor dem ersten Start zumindest die Abschnitte A bis C in diesem Handbuch durch, damit Sie die Lernsoftware sinnvoll einsetzen können. Weitere Informationen zur Bedienung und zu den einzelnen Übungsformen finden Sie dann in den folgenden Kapiteln.

Dieses Handbuch erklärt

- wie Sie die Bestandteile Ihres Kurses am besten nutzen (Abschnitt A)
- welche Möglichkeiten es gibt, das Sprachtraining optimal auf Ihre Bedürfnisse und Vorkenntnisse abzustimmen. (Abschnitt B)
- wie Sie die Software starten und sich mit der Lernumgebung vertraut machen (Abschnitt C)
- wie die Lernsoftware im Detail funktioniert (Abschnitte D bis M).

Ein Handbuch für alle Lernprogramme der „Interaktiven Sprachreise"

Alle Lernprogramme der Reihe „Interaktive Sprachreise" sind gleich aufgebaut und verfügen über identische Programmfunktionen. Deshalb haben wir in diesem Handbuch darauf verzichtet, die Abbildungen jeweils in allen Lernsprachen aufzunehmen. Wenn Sie also beispielsweise gerade mit dem Sprachkurs Französisch lernen und im Handbuch eine Abbildung aus dem Englischkurs entdecken, dann gilt die entsprechende Erklärung selbstverständlich auch für den Französischkurs. Und umgekehrt natürlich auch.

Die Tipps, das Infovideo sowie die Online-Hilfe helfen jederzeit weiter

Die Lernsoftware bietet in den **Tipps** detaillierte Hinweise zur Bedienung. Das **Infovideo** gibt einen Überblick über Aufbau und Funktion des Lernprogramms. Die komplette Hilfe rufen Sie mit der Taste **F1** auf.

1 Software, Audio-CD und Textbuch

Die Sprachkurse enthalten neben den DVD-ROMs mit der Lernsoftware, die Sie nur im Laufwerk Ihres PCs nutzen können, auch eine oder mehrere Audio-CDs, die sich mit einem CD-Player abspielen lassen. Die Textbücher enthalten die Texte aller Fotogeschichten, damit Sie auch ohne Computer üben können.

2   Ist mein Computer richtig konfiguriert?

Für optimale Lernergebnisse sollte Ihr PC diese Anforderungen erfüllen:

- Windows 2000, XP, Vista oder 7
- Soundkarte, Lautsprecher oder Kopfhörer, Mikrofon (das optimal auf die Sprachkurse abgestimmte dp-Headset erhalten Sie im Fachhandel oder direkt bei digital publishing)

3   Mikrofon anschließen und kalibrieren

Die Anschlüsse für Mikrofon und Lautsprecher sind nicht genormt, bei den meisten Computern sind an der Soundkarte jedoch Markierungen angebracht:

- Mikrofon   Symbol, Prägung „Mic", rote Markierung
- Lautsprecher/Kopfhörer   Symbol, Prägung „Audio" oder „Out"

Für optimale Ergebnisse bei der Ausspracheerkennung empfehlen wir Ihnen nach dem ersten Start des Kurses Ihr Mikrofon zu kalibrieren:

- Klicken Sie auf das Mikrofonsymbol in der Taskleiste von Windows (in der rechten unteren Bildschirmecke neben der Uhr), um die Mikrofoneinstellung einzublenden.
- Klicken Sie auf **Kalibrieren**, sprechen Sie 2 bis 3 Sekunden ins Mikrofon, und schweigen Sie dann so lange, bis der Schalter wieder aktiv wird. Beim Kalibrieren misst das Einstellprogramm ungefähr 5 Sekunden lang die Störgeräusche Ihres Mikrofons.
- Beenden Sie die Mikrofoneinstellung mit dem Schalter **Schließen**.

4   Direktstart von DVD oder Installation

Beim Einlegen des Datenträgers in Ihr Laufwerk startet das Programm automatisch – dabei werden auf Ihrem System keine Dateien installiert. Falls das Programm nicht automatisch startet, weil auf Ihrem PC die Autorun-Funktion deaktiviert ist, zeigen Sie mit dem Windows-Explorer den Inhalt der DVD an und rufen das Programm **Start** auf.

Alternativ können Sie die Lernsoftware auch auf Ihrem PC installieren. Zeigen Sie mit dem Windows-Explorer den Inhalt der DVD an und rufen das Programm **Setup** auf. Im Setup wählen Sie mit dem Symbol vor den einzelnen Programmbestandteilen aus, ob diese auf Ihrer Festplatte installiert werden sollen, oder ob Sie sie direkt vom Datenträger ohne Installation starten möchten. Bei

Programmen, die nach der Installation eine Aktivierung erfordern, geben Sie bitte beim ersten Programmstart den auf Ihrer DVD-ROM aufgedruckten **Produktschlüssel** an.

Zum Entfernen installierter Programmbestandteile wählen Sie im Setup-Programm das Symbol **Deinstallieren** aus. Aber Vorsicht: Dabei gehen auch alle Informationen über den Lernfortschritt und über selbst erstellte Lerninhalte verloren. Wählen Sie vorab **IntelliPlan sichern** aus dem Optionen-Menü, falls Sie Ihre Lernergebnisse speichern möchten.

5   Noch Fragen?

Wenn Sie zur Bedienung der Lernprogramme weitere Fragen haben, die in diesem Handbuch oder in der integrierten Hilfe (Taste **F1**) nicht beantwortet werden, sehen Sie auf unserer Website nach oder wenden Sie sich an unseren Kundenservice. Die **Softwarelizenzvereinbarung** können Sie jederzeit unter www.digitalpublishing.de/lizenzvereinbarung aufrufen.

	Website	www.digitalpublishing.de/support
	E-Mail	support@digitalpublishing.de
	Fax	+49 (0)89 74 79 23 08
	Telefon-Hotline	+49 (0)89 74 74 82 99 (Mo. bis Fr. von 13 bis 18 Uhr)

Der optimale Lernweg

Die Lernprogramme der „Interaktiven Sprachreise" bieten für die unterschiedlichen Anforderungen optimierte Kurse und speziell strukturierte Inhalte. Im Kurs wählen Sie aus, was, wofür und wie Sie lernen möchten.

Systematisches Training

Unternehmen Sie zusammen mit Ihrem Video Tutor eine Sprachreise, um die Sprache Schritt für Schritt zu erlernen oder Ihre Sprachkenntnisse systematisch zu erweitern. Alle Sprachfertigkeiten (Aussprache, Wortschatz, Text- und Hörverständnis, Grammatik) werden gleichermaßen trainiert. Hier finden Sie auch Vorbereitungskurse für anerkannte Sprachenzertifikate.

Individuelles Training

Im Bereich „Individuelles Training" gibt es jede Menge Möglichkeiten, das Sprachtraining auf Ihre Vorkenntnisse und Lernziele abzustimmen.

- **Lernplaner**: Legen Sie zunächst Ihr Lernziel und die Ihnen zur Verfügung stehende Zeit fest. Wenn Sie bereits Vorkenntnisse in der Sprache haben, ermittelt der **Einstufungstest** Ihre Stärken und Schwächen. Anschließend erstellt die Software Ihren persönlichen Sprachkurs (vgl. Abschnitt G).

- Im **Vokabeltraining** trainieren Sie Ihren Wortschatz mit einer Vielzahl von Übungsformen oder dem interaktiven Karteikasten. Die Vokabeln übernehmen Sie direkt aus einzelnen Übungen oder Lektionen des Sprachkurses in das Vokabeltraining (vgl. Abschnitt J).

- Mit dem **Prüfungstrainer** testen Sie, ob Sie auf Prüfungen ausreichend vorbereitet sind. Sie geben Prüfungsstoff, Dauer und Umfang vor – die Lernsoftware erstellt die Prüfung (vgl. Abschnitt H).

- In **Meine Übungen** kopieren Sie Übungen oder Lerneinheiten Ihrer Wahl, um sich selbst einen Sprachkurs zusammenzustellen. (Ideal zum Wiederholen von Inhalten und zur Begleitung von Sprachkursen.)

Training nach Fertigkeiten: Wenn Sie schon genau wissen, was Sie lernen möchten, finden Sie hier schnell die passenden Übungen: Ein komplettes Aussprachelabor, spezielle Übungen zu Wortschatzthemen und Sprechintentionen, Hör- und Textverständnisübungen, sowie thematisch sortierte Grammatikübungen und das umfangreiche **Grammatikglossar**.

Im Internet stehen Ihnen ergänzend zum Sprachkurs der **Live-Unterricht** und viele weitere aktuelle Inhalte zur Verfügung. (vgl. Abschnitt M)

C Start | Erste Schritte | Beenden

1 Start der Lernsoftware

Das Programm startet automatisch, sobald Sie die DVD-ROM in das Laufwerk einlegen. Wenn Sie die Software auf Ihrer Festplatte installiert haben, starten Sie sie über die Verknüpfung in der Programmgruppe **digital publishing**.

> Falls **Autorun** auf Ihrem PC ausgeschaltet ist, startet das Lernprogramm nicht automatisch. In diesem Fall zeigen Sie im **Windows-Explorer** den Inhalt der DVD an und rufen das Programm **Start** auf.

2 Das Lernportal

Im Lernportal haben Sie Ihren kompletten Sprachkurs im Überblick.

> Der IntelliPlan auf der linken Seite ist das Inhaltsverzeichnis Ihres Kurses. Hier sehen Sie, welche Lerneinheiten Sie bereits bearbeitet haben, welches Ergebnis Sie dabei erreicht haben und was noch zu tun bleibt. Außerdem können Sie im IntelliPlan auch neue Übungseinheiten selbst zusammen-

stellen. Durch Anklicken eines Eintrags im IntelliPlan wird der gewünschte Inhalt angezeigt.

▢ Auf der rechten Seite sehen Sie ein großes Symbol für Ihren Sprachkurs und eine Reihe weiterer Symbole für zusätzliche Lernangebote und Informationen. Klicken Sie auf eins der Symbole, um den Inhalt anzuzeigen.

▢ Zum Anzeigen des Lernportals verkleinern Sie die Kursansicht durch einen Klick auf den Minimieren-Button in der Menüleiste. Zurück zum Ausgangszustand des Lernportals gelangen Sie durch einen Klick auf den Home-Button in der Menüleiste.

▢ Durch Ihren Sprachkurs navigieren Sie mit den Pfeil-Buttons in der Menüleiste oder durch Anklicken des gewünschten Inhalts im IntelliPlan.

3   So geht's – eine Einführung

Bevor Sie mit Ihrem Sprachkurs starten, sollten Sie sich die Lektion **Einführung** ansehen und sich dort in wenigen Schritten mit der Bedienung des Lernprogramms vertraut machen.

▢ Öffnen Sie den Kurs, klicken Sie auf **Systematisches Training** und dann auf **Einführung**.

▢ Klicken Sie der Reihe nach auf die Einträge in der Rubrik **Tipps**, lesen Sie sich die Informationen durch, und probieren Sie alle dort beschriebenen Funktionen gleich im Übungsfenster aus.

▢ Wenn Sie alle Tipps angesehen haben, klicken Sie auf den Pfeil rechts oben in der Menüleiste, um zur nächsten Übung zu gelangen.

▢ Klicken Sie mit der Maus auf ein Kommando im Kursfenster, um es anzuhören.

▢ Sprechen Sie das Kommando ins Mikrofon – wenn der Video Tutor Sie versteht, markiert er das Kommando mit einem blauen Häkchen.

Probieren Sie die Kommandos ruhig noch ein bisschen weiter aus. Mit einem Mausklick auf den Pfeil in der Menüleiste rechts oben blättern Sie zur nächsten Übungsseite weiter (wie Sie das dem Video Tutor sagen, erfahren Sie dann auf der dritten Übungsseite).

Sprechen Sie den Video Tutor immer mit Namen an

Damit der Video Tutor merkt, dass Sie mit ihm sprechen, müssen Sie zuerst seinen Namen sagen. Und natürlich müssen Sie in seiner Muttersprache mit ihm reden, schließlich wollen Sie diese Sprache ja lernen.

4 Grundlagen zur Programmsteuerung

Sie können das Lernprogramm mit der Maus oder mit Hilfe der Spracherkennung im Dialog mit Ihrem Video Tutor bedienen.

▫ Zum Blättern zwischen den Lernelementen (Fotogeschichten, Übungen, Tests) nutzen Sie die Pfeilsymbole rechts oben in der Menüleiste oder wählen Sie sie direkt im IntelliPlan aus (hier sehen Sie auch, wo Sie gerade sind).

▫ Einen Überblick über alle Lerninhalte finden Sie im IntelliPlan. Das Inhaltsverzeichnis funktioniert wie die Ordner im Windows-Explorer – mit den Pfeil-Symbolen blenden Sie Unterverzeichnisse ein und wieder aus. Wenn Sie Lerneinheiten oder Lernelemente im IntelliPlan anklicken, erscheinen sie im Kursfenster.

▫ Neben dem Video Tutor sehen Sie eine kurze Erklärung. Halten Sie die **Alt-Taste** gedrückt, um die Anleitung in der Sprechblase zu übersetzen.

▫ Ihren Video Tutor kennen Sie nun ja schon: Wenn Sie ihn einmal nicht verstanden haben, klicken Sie mit der Maus auf sein Bild. Und wenn Sie eine Übersetzung hören möchten, halten Sie die **Alt-Taste** gedrückt, während Sie auf den Video Tutor klicken.

▫ Wenn Sie den Kurs mit Sprachkommandos steuern möchten, achten Sie darauf, dass Ihr Mikrofon aktiviert und kalibriert ist (die Kalibrierung nehmen Sie im Optionen-Menü ✿▾ vor). Das System ist aufnahmebereit, wenn die rote Anzeige leuchtet. Wenn Sie ins Mikrofon sprechen, muss sich der blaue Balken der Aussteuerungsanzeige bewegen. Sprechen Sie Ihren Video Tutor mit seinem Namen an, damit er weiß, dass er die Steuerung des Programms für Sie übernehmen soll. Unter **Individuelles Training** finden Sie die Lerneinheit **Sprich mit ...** – hier können Sie die Kommunikation mit Ihrem Video Tutor ausprobieren.

Stellen Sie Ihr Mikrofon optimal ein

Die Spracherkennung und damit verbundene Funktionen wie Aussprache- und Dialogtraining funktionieren um so besser, je besser Sie Ihr Mikrofon kalibriert haben. Detaillierte Hinweise hierzu finden Sie in der Hilfe (**F1**) oder den **Tipps**.

5 Programmoptionen im Menü ✿▾ einstellen

✿▾	Funktion
Video Tutor	Aktiviert oder deaktiviert den Video Tutor.
Spracherkennung	Aktiviert oder deaktiviert die Spracherkennung (Aufnahmebereitschaft).
Mikrofon kalibrieren	Optimiert die Aufnahmeeinstellungen für Ihr Mikrofon, damit die Spracherkennung für das Aussprache- und Dialogtraining möglichst gut funktioniert.
IntelliPlan sichern	Speichert den IntelliPlan mit allen Ergebnissen in einer Datei.
IntelliPlan wiederherstellen	Importiert eine IntelliPlan-Datei und ersetzt den aktuellen IntelliPlan mit der Struktur und den Lernergebnissen, die in dieser Datei gespeichert sind.
Info	Informationen zur Version und Systemkonfiguration.

6 Beenden der Lernsoftware

Zum Beenden der Lernsoftware haben Sie mehrere Möglichkeiten:

▪ Klicken Sie auf das Schließen-Symbol in der Titelleiste.

▪ Drücken Sie die Tastenkombination **Alt+F4**.

▪ Geben Sie dem Video Tutor ein Sprachkommando (in der Lerneinheit **Sprich mit ...** können Sie nachsehen, wie das funktioniert).

Beim nächsten Start wird wieder die zuletzt bearbeitete Übung angezeigt.

Die Fotogeschichte 🖾

Jede Lerneinheit in den **Sprachkursen** und dem **Kommunikationstrainer** beginnt mit einer Fotogeschichte, die den Kontext für die folgenden Übungen bildet. Hier lernen Sie neue Wortfelder und Grammatik kennen, und Sie trainieren Text- und Hörverständnis sowie Ihre Aussprache.

1 Lernen und üben mit der Fotogeschichte

- Starten Sie die Fotogeschichte und hören Sie gut zu. Sehen und hören Sie sich zunächst die ganze Geschichte vollständig an.

- Springen Sie zurück an den Anfang und starten Sie die Fotogeschichte erneut. Achten Sie auf diejenigen Teile, die Sie eventuell beim ersten Anhören nicht vollständig verstanden haben.

- Hören Sie sich die Fotogeschichte nun Schritt für Schritt an. Klicken Sie mit der Maus auf die Sprechblasen, die Sie noch einmal hören möchten. Halten Sie die **Alt-Taste** gedrückt, um die Übersetzung anzuzeigen.

- Blenden Sie nun den Text in den Sprechblasen aus und hören Sie sich nochmals die gesamte Fotogeschichte an. Haben Sie alles verstanden?

- Zum Abschluss sollten Sie Ihre Aussprache üben. Sprechen Sie den Text in der Sprechblase ins Mikrofon und versuchen Sie, die Aussprache des muttersprachlichen Sprechers möglichst gut nachzuahmen. Wenn Sie den Text korrekt aussprechen, springt das Lernprogramm automatisch weiter zur nächsten Sprechblase.

Das Lernprogramm ist aufnahmebereit, wenn die kleine rote Anzeige unterhalb des Video Tutors leuchtet.

Falls die Spracherkennung deaktiviert ist (rotes Kreuz)
doppelklicken Sie auf das rote Kreuz oder wählen Sie die Option **Spracherkennung** aus dem Optionen-Menü, um die Spracherkennung einzuschalten.

2 Bedienelemente der Fotogeschichte

▶ startet die Wiedergabe (Ton und Bild)

■ stoppt die Wiedergabe (Ton und Bild)

▶▶ springt zum nächsten Bild

◀◀ springt ein Bild zurück

◀ springt zurück an den Anfang der Fotogeschichte

100% Ziehen Sie den gelben Regler mit der Maus, um die Sprechgeschwindigkeit zu verändern (z. B. wenn Sie die Sprecher in der Fotogeschichte nicht richtig verstehen). Doppelklicken Sie auf den Regler, um wieder die „normale" Sprechgeschwindigkeit (100%) zu hören.

 blendet den Text in der Sprechblase aus

 blendet den Text in der Sprachblase wieder ein

Alt Die Alt-Taste übersetzt den Text in Sprechblasen und die Funktionen in der Menüleiste

 Klicken Sie auf die Sprechblase, um den Text noch einmal anzuhören

Sprachsteuerung im Dialog mit dem Video Tutor

Natürlich können Sie auch die Fotogeschichte im Dialog mit Ihrem Video Tutor steuern – dazu sagen Sie einfach, welche Funktion (zum Beispiel **Stopp**) ausgeführt werden soll. Tipp: Wenn Sie den Mauszeiger auf einen der Steuerungsbuttons in der Menüleiste positionieren, sehen Sie einen Hinweis auf den passenden Befehl in Ihrer Lernsprache. Weitere Funktionen (zum Beispiel **Text ausblenden**) können Sie in der entsprechenden Übung in der Lerneinheit **Sprich mit ...** nachschlagen.

Die Übungen

Um alle Sprachfertigkeiten optimal zu trainieren gibt es in der „Interaktiven Sprachreise" viele verschiedene Übungstypen. An den Symbolen im IntelliPlan erkennen Sie, um welchen Typ es sich handelt.

1 Wie wird eine Übung bearbeitet?

Die Übungen haben zahlreiche Funktionen und bieten unterschiedliche Hilfsmittel, die Sie wie folgt einsetzen sollten, um einen optimalen Lernerfolg zu erzielen.

Anleitung

Hören Sie sich die Anweisung des Video Tutors an. Klicken Sie auf den Video Tutor, wenn Sie die Anweisung noch einmal hören möchten, oder klicken Sie mit gedrückter **Alt-Taste** für eine Übersetzung.

Lesen Sie sich die Anleitung neben dem Video Tutor durch. Auch hier können Sie die **Alt-Taste** drücken, wenn Sie eine Übersetzung benötigen.

Einige Übungen erscheinen zunächst im gelösten Zustand, damit Sie sie sich vorab ansehen können. Sie erkennen diese Übungen an der Anleitung und am Mauszeiger. Klicken Sie an eine beliebige Stelle der Übung, um in den Übungsmodus zu wechseln (erst dann werden die Lücken erzeugt).

Für bestimmte Übungen müssen Sie zuerst einen oder mehrere Texte anhören. Beachten Sie die Lautsprechersymbole und die Anleitung.

Versuchen Sie nun zunächst, die Übung ohne zusätzliche Hilfe zu lösen.

Sie können jederzeit eine Korrektur anfordern, um nachzusehen, was richtig und falsch ist.

Wörterbuch

Jedes Wort in der Übung lässt sich übersetzen: einfach mit der rechten Maustaste anklicken. Feststehende Begriffe aus zwei oder mehreren Wörtern (zum Beispiel „New York") werden dabei als ein Wort behandelt. Um das Wort anzuhören, klicken Sie auf eines der beiden Lautsprechersymbole (Sprecher oder Sprecherin). Verweise auf Grund- oder Singularformen sind blau markiert. Mit einem Klick auf das Symbol **A** wird das Wort in die Wortliste **Meine Vokabeln** übernommen und steht anschließend für das Vokabeltraining zur Verfügung.

talk

reden; Gespräch, Gerede, Unterhaltung, Rede
Phrasal verbs: talk about, talk into, talk out of, talk to

Amerikanisches oder britisches Englisch?

Bei den Englischkursen wechseln Sie mit dem Flaggensymbol zwischen britischer und amerikanischer Aussprache (die Einstellung bleibt bis zur nächsten Änderung gültig).

Grammatikerklärung

Hier finden Sie Erläuterungen zur Grammatik. Mit einem Klick auf die blau markierten Einträge erhalten Sie weiterführende Informationen.

Korrektur

Klicken Sie mit der Maus auf **Korrektur** in der Menüleiste am oberen Bildschirmrand (mit der **Alt-Taste** können Sie nachsehen, welcher Menüeintrag „Korrektur" bedeutet). Alternativ können Sie dem Video Tutor auch ein Sprachkommando geben.

- Wenn Sie eine Korrektur anfordern, obwohl die Übung noch nicht vollständig bearbeitet wurde (also z.B. einige Lücken noch leer sind), weist Sie der Video Tutor zunächst auf diesen Umstand hin. Klicken Sie einfach noch einmal auf **Korrektur**, um sofort zu korrigieren.
- Bei vielen Übungsformen (zum Beispiel Lückentext, Antwortsatz) gibt die Lernsoftware bei Fehlern gezielte Korrekturhinweise. Hier sollten Sie unbedingt schrittweise vorgehen: Fehlermeldung lesen, verbessern, noch mal korrigieren, nächste Fehlermeldung bearbeiten, usw.
- Die Übung ist korrekt gelöst, wenn alle Lücken gefüllt sind und nichts mehr blinkt.
- Bei jeder Korrektur wird das Ergebnis in den IntelliPlan übertragen.

Musterlösung

Klicken Sie auf **Lösung** in der Menüleiste am oberen Bildschirmrand.

- Sie sollten immer versuchen, die Übungen zu lösen, ohne sich die Musterlösung anzusehen. Machen Sie lieber einige Zwischenkorrekturen und benutzen Sie die Grammatikerklärung und das Wörterbuch, falls Sie Schwierigkeiten haben.

Jede Übung ist auch ein kleines Sprachlabor

Sobald eine Übung inhaltlich vollständig gelöst ist, sollten Sie sie ein zweites Mal nutzen, um Hörverständnis oder Aussprache zu üben – achten Sie bei gelöster Übung auf den Mauszeiger:

 Hier können Sie Ihr Hörverständnis verbessern. Wie das genau funktioniert, erfahren Sie im Kapitel „Zusatzfunktion **Hörverständnis**".

 Hier können Sie Ihre Aussprache trainieren. Wie das genau funktioniert, erfahren Sie im Kapitel „Zusatzfunktion **Sprachlabor**".

Übungsergebnis

- Im IntelliPlan sehen Sie das Ergebnis für die gerade bearbeitete Übung:

rotes Symbol	0 bis 49%	~ Note 6 bis 4
gelbes Symbol	50 bis 79%	~ Note 3 bis 2
grünes Symbol	80 bis 100%	~ Note 1

- Bei Ausspracheübungen sehen Sie das Ergebnis in der Spalte **Ausspra-chebewertung**. Außerdem zeigt der IntelliPlan an, wann und wie lange Sie die Übung bearbeitet haben (in Minuten). Was der IntelliPlan sonst noch alles kann und anzeigt, erfahren Sie im Abschnitt I.

Weiter zur nächsten Übung

- Zur nächsten Übung kommen Sie
  - mit den Pfeiltasten in der Menüleiste
  - mit einem Sprachkommando an Ihren Video Tutor
  - durch Anklicken der nächsten Übung im IntelliPlan.

Eingabe von Sonderzeichen

Um Sonderzeichen einzugeben, die auf der deutschen Tastatur nicht vorhanden sind (zum Beispiel **ç** für die französischen Lernprogramme), halten Sie die Taste **Strg** gedrückt. Nun können Sie zusätzlich die eingeblendete Funktionstaste mit dem Zeichenzusatz (zum Beispiel Akzent) drücken und dann den gewünschten Buchstaben eintippen.

- Zum Beispiel **ç**: **Strg** gedrückt halten und **F6** drücken, dann **c** drücken.

Übungstypen

Eine detaillierte Beschreibung der einzelnen Übungstypen finden Sie in der integrierten Hilfe (Taste **F1**) in der Lernsoftware.

2 Aussprachetraining 🔲

In diesen Übungen geht es ausschließlich um Ihre Aussprache – im IntelliPlan wird entsprechend auch nur ein Ausspracheergebnis angezeigt. Das Programm analysiert Ihre Aussprache und schlägt gezielt Wiederholungen oder Einzelworttraining vor. Zur Bewertung wird ermittelt, wie gut Ihre Aussprache mit der eines Muttersprachlers übereinstimmt: Das Lernziel ist eine Übereinstimmung von mindestens 80% zu erreichen.

- Sprechen Sie den Satz ins Mikrofon. Achten Sie dabei darauf, dass die rote Anzeige unter dem Video Tutor leuchtet, bevor Sie sprechen. Wenn Sie sich den Satz vorab anhören möchten, klicken Sie auf das Lautsprechersymbol direkt vor dem Satz.

- Nach der Analyse Ihrer Aussprache sehen Sie links neben dem Satz die Gesamtbewertung – oben als Symbol wie im IntelliPlan, und darunter als Prozentzahl, die genau angibt, wie gut Ihre Aussprache mit der eines Muttersprachlers übereinstimmt. Die detaillierte Bewertung der Aussprache einzelner Wörter erfolgt durch farbig markierte Balken direkt über jedem Wort. Um Ihre Aussprache noch einmal zu hören, klicken Sie auf das Lautsprechersymbol neben der Ergebnisanzeige.

Wenn die Bewertung des gesamten Satzes unter 80% liegt, versucht die Lernsoftware Ihre Aussprache Schritt für Schritt zu verbessern: Achten Sie nach jedem Versuch auf die Bewertung und auf die schwarz angezeigten Wörter (je nach Ergebnis der Ausspracheanalyse kann das ein einzelner Laut, ein Wort, eine Wortgruppe oder der ganze Satz sein). Sprechen Sie bei Ihrem nächsten Versuch nur den schwarz hervorgehobenen Text. Wenn Sie sich nicht sicher sind, was Sie sprechen sollen, oder wenn Sie die Aussprache eines Muttersprachlers vorab noch einmal hören möchten, klicken Sie einfach noch einmal auf den Lautsprecher vor dem Text.

Um ein gutes Ergebnis zu erzielen, sollten Sie die Aussprache der Muttersprachler möglichst gut nachahmen. Hören Sie sie sich deshalb genau an – besonders bei den „problematischen" Stellen, auf die Sie vom Lernprogramm hingewiesen werden – und versuchen Sie auch Betonung der Wörter und Satzmelodie zu „kopieren".

3 Zusatzfunktion Hörverständnis

Wenn Sie eine Übung richtig gelöst haben (Korrektur gibt keine Fehlermeldung zurück, oder Sie haben die Musterlösung angezeigt) und der Mauszeiger ein Lautsprechersymbol zeigt, sollten Sie mit dieser Übung zusätzlich Ihr Hörverständnis trainieren. Klicken Sie mit der Maus auf die einzelnen Einträge und hören Sie sie sich noch einmal an.

4 Zusatzfunktion Sprachlabor

Wenn Sie eine Übung richtig gelöst haben (Korrektur gibt keine Fehlermeldung zurück, oder Sie haben die Musterlösung angezeigt) und der Mauszeiger ein Mikrofonsymbol zeigt, sollten Sie mit dieser Übung zusätzlich Ihre Aussprache trainieren. Die Bewertung Ihrer Aussprache wird im IntelliPlan gespeichert und geht in die Gesamtbewertung ein.

Um die Aussprache eines Satzes aus der Übung im Sprachlabor zu trainieren, klicken Sie ihn zunächst mit der Maus an. Der Satz wird nun rechts neben dem Video Tutor angezeigt. Achten Sie darauf, dass die rote Anzeige unter dem Video Tutor leuchtet, und sprechen Sie den Satz ins Mikrofon.

Das Sprachlabor bietet fast alle Funktionen des **Aussprachetrainings** – bitte schlagen Sie deshalb für Hinweise zur Bedienung dort nach.

F Video-Dialogtraining 🔲

Nachdem Sie die ersten Lerneinheiten erfolgreich absolviert haben, sollten Sie Ihre neuen kommunikativen Kenntnisse unbedingt in einer realistischen Gesprächssituation ausprobieren. Dafür finden Sie in Ihrem Sprachkurs regelmäßig Lerneinheiten, in denen Ihr Video Tutor Sie zu einer Unterhaltung einlädt.

- Klicken Sie auf das Symbol für ein Video-Dialogtraining (auf den Symbolen dieser Lerneinheiten ist Ihr Video Tutor abgebildet).

- Hören Sie zu und sprechen Sie in das Mikrofon, um am Gespräch teilzunehmen. Das Mikrofon ist aktiviert, sobald die rote Anzeige leuchtet. Keine Sorge: Falls Ihr Video Tutor Sie einmal nicht verstehen sollte, fragt er einfach noch einmal nach. Und natürlich wiederholt er, falls Sie etwas nicht verstanden haben sollten.

- Und falls Sie einmal gar nicht mehr weiter wissen, oder Ihr Video Tutor Sie einfach nicht verstehen will: Mit den Schaltflächen in der Menüleiste springen Sie vor oder zurück.

So funktioniert das Video-Dialogtraining optimal

Sorgen Sie für eine ruhige Umgebung oder verwenden Sie ein Headset, um sich mit Ihrem Video Tutor zu unterhalten. Falls Sie das Gefühl haben, dass Sie schlecht verstanden werden, sollten Sie eventuell das Mikrofon noch einmal kalibrieren. Bemühen Sie sich um eine gute Aussprache, aber vor allem: Sprechen Sie einfach, auch wenn Sie sich nicht ganz sicher sind, und wiederholen Sie gegebenenfalls noch einmal.

Lernplaner und Einstufungstest

Der persönliche Lernplaner erstellt ein individuelles, auf Ihre Bedürfnisse maßgeschneidertes Sprachtraining – falls Sie zum Beispiel nicht ausreichend Zeit für eine komplette „Sprachreise" haben, gezielt auf ein bestimmtes Lernziel hinarbeiten möchten, nicht einschätzen können, wie gut Ihre Vorkenntnisse in der Fremdsprache sind, oder einfach nur herausfinden möchten, wo Sie eventuell noch Schwächen haben. Dabei berücksichtigt der Lernplaner nicht nur Ihr Lernziel, sondern auch Ihre Vorkenntnisse und die zur Verfügung stehende Zeit – so wird Ihr Sprachtraining noch effizienter.

- Ihre persönlichen Lernpläne erstellen Sie im Ordner **Lernplaner** im IntelliPlan. Benutzen Sie den Ordner **Mein Lernplan** oder fügen Sie einen neuen Lernplanordner ein. So können Sie den Lernplaner beliebig oft nutzen, um maßgeschneiderte Lernpläne für verschiedene Zielsetzungen zu erstellen.

- Zunächst legen Sie auf der Seite **Lernziel** fest, welches Lernziel Sie anstreben, ob Sie die Lerninhalte in einzelne Abschnitte mit festgelegter Dauer gliedern möchten, und ob zur Ermittlung Ihrer Vorkenntnisse ein Einstufungstest durchgeführt werden soll. Anschließend klicken Sie in der Menüleiste am oberen Bildschirmrand auf **Lernplan erstellen**.

- Ihr **Lernplan** wird nach dem Lernziel im IntelliPlan eingefügt.

Hinweis: Falls Sie einen **Einstufungstest** ausgewählt haben, müssen Sie zunächst die Testübungen bearbeiten, bevor der Lernplan erstellt wird. Bitte machen Sie sich mit der Bedienung des Lernprogramms vertraut, bevor Sie den Test bearbeiten. Wie in allen Tests arbeiten Sie auch hier mit einer Zeitbeschränkung – und sollten sich deshalb auf den Inhalt der Übungen und nicht auf die Bedienung des Programms konzentrieren.

H Tests | Wiederholung | Prüfung

Die Lernprogramme der „Interaktiven Sprachreise" bieten mehrere Möglichkeiten zur Überprüfung des Lernerfolgs und zur Wiederholung schwieriger Inhalte:

▣ Kurztest: überprüft den Lernerfolg am Ende jeder Station (Lektion).

▣ Wiederholung: Das Lernprogramm schlägt Übungen zu einem bestimmten Thema zur Wiederholung vor, wenn bei der Bearbeitung der Übungen einer Station (Lektion) oder beim Kurztest Schwächen entdeckt werden.

▣ Test: Hier können Sie selbst entscheiden, welche Übungen Sie im Testmodus bearbeiten möchten.

▣ Prüfungstrainer: Geben Sie Prüfungsstoff, Dauer und Umfang vor – die Lernsoftware erstellt automatisch eine Prüfung, die Sie anschließend in einer authentischen Testsituation bearbeiten.

Deutsch	Englisch	Französisch	Spanisch	Italienisch
Kurztest	Quick Check	Contrôle	Control	Verifica
Wiederholung	Review	Révision	Repaso	Ripasso
Test	Test	Test	Test	Test
Prüfung	Exam	Contrôle	Examen	Esame

Testübungen und -ordner verhalten sich teilweise anders als „normale" Übungen und sind daher im IntelliPlan zur besseren Unterscheidung mit blauer Schriftfarbe gekennzeichnet.

1 Kurztest

Am Ende jeder Station der „Interaktiven Sprachreise" finden Sie einen Kurztest zur Überprüfung der Lerninhalte dieser Lektion. Hier können Sie überprüfen, ob die Inhalte einer Lektion bereits „sitzen".

▣ Der Kurztest wird erst aktiv, nachdem Sie die Inhalte der Lektion bearbeitet haben.

▣ Klicken Sie in der Lektionsübersicht im Lernfenster oder im IntelliPlan auf den Eintrag **Kurztest** (in der jeweiligen Lernsprache) und bearbeiten Sie dann der Reihe nach die Übungen.

■ Natürlich stehen hier keine Hilfsmittel wie Wörterbuch oder Grammatikerklä-rungen zur Verfügung. Und: Jeder Kurztest hat eine Zeitbegrenzung. In der Menüleiste sehen Sie, wie viel Zeit noch zur Verfügung steht.

■ Wenn Sie die Übung fertig bearbeitet haben, klicken Sie mit der Maus auf **Korrektur** oder springen gleich zur nächsten Übung (Pfeilsymbol in der Menüleiste, Sprachkommando oder Auswahl im IntelliPlan). Bereits korri-gierte Übungen werden gesperrt – Sie können sie wie in einer richtigen Prüfung nach der Abgabe nicht mehr verändern.

Das Testergebnis und die Bewertung der Übungen sehen Sie im IntelliPlan.

Quick Check			69	17.07	
Aufgabe 1	←	■	100	17.07	Textverständnis
Aufgabe 2	⟨⊟	■	19	17.07	Wortschatz
Aufgabe 3	abl		75	17.07	Grammatik
Aufgabe 4	■ ⊘	■	83	17.07	Hörverständnis

Die Übungen des Kurztests werden nach der Korrektur gesperrt.

Beim Zurücksetzen des Kurztests (Kurztest markieren, mit der rechten Maus-taste im Kontextmenü **Zurücksetzen** wählen) werden nicht nur die Ergeb-nisse gelöscht, sondern auch der Inhalt des Kurztests neu erstellt. Dies gilt auch für das Zurücksetzen einer Lerneinheit, die einen Kurztest enthält: In diesem Fall müssen Sie allerdings eventuell zunächst einen Teil der Übungen der Lerneinheit erneut bearbeiten, um den Kurztest wieder zu aktivieren.

2 Wiederholung

Nach Bearbeitung des Kurztests fügt das Lernprogramm die zusätzliche Lerneinheit **Wiederholung** (in der jeweiligen Lernsprache) ein, die Übungen zu den Themen enthält, die zur Wiederholung empfohlen werden. Dabei werden die Ergebnisse des Kurztests und die Übungsergebnisse im Sprach-kurs berücksichtigt.

Die Übungen werden jeweils neu zusammengestellt, nachdem der Kurztest absolviert wurde. Wenn Sie den Kurztest zurücksetzen, wird auch die **Wie-derholung** gelöscht.

3 Test

Sie können im IntelliPlan einen neuen Testordner anlegen und komplette Lerneinheiten oder einzelne Übungen in diesen Ordner kopieren. Alle Übungen innerhalb eines Testordners sind automatisch im Testmodus (blau markiert), d.h. es gibt keine Hilfsmittel und jeder Test hat eine Zeitbeschränkung.

▢ Klicken Sie im IntelliPlan mit der rechten Maustaste auf **Meine Übungen** und wählen Sie aus dem Kontextmenü **Neuer Test** aus. Beachten Sie, dass Sie Tests nicht innerhalb eines bereits bestehenden Testordners einfügen können. Wie Sie Elemente im IntelliPlan verschieben oder kopieren können, erfahren Sie im nächsten Abschnitt.

▢ Lernelemente, die sich für einen Test nicht eignen (also zum Beispiel eine Fotogeschichte oder eine reine Hörverständnisübung) werden beim Einfügen eines Tests deaktiviert und im IntelliPlan durchgestrichen angezeigt.

▢ Bereits korrigierte Übungen werden ebenfalls deaktiviert. Im IntelliPlan werden sie mit grauer (statt blauer) Schrift angezeigt.

▢ Um die Testergebnisse zu löschen und den Test erneut zu bearbeiten, klicken Sie mit der rechten Maustaste auf den Testordner und wählen **Zurücksetzen** aus dem Kontextmenü.

4 Prüfungstrainer

Ihre persönlichen Prüfungen legen Sie im Ordner **Prüfungstrainer** an.

▢ Kopieren Sie diejenigen Lerninhalte, die in der Prüfung abgefragt werden sollen, in den Ordner **Prüfungsstoff**.

▢ Anschließend legen Sie Schwerpunkte, Umfang und Dauer der Prüfung fest, indem Sie mit der rechten Maustaste auf den Ordner **Prüfungsaufgaben** klicken und **Prüfung erstellen** im Kontextmenü wählen.

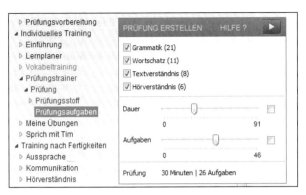

Bestimmen Sie zunächst die Schwerpunkte der Prüfung. Dann stellen Sie mit den Schiebereglern Dauer oder Umfang der Prüfung ein. Die Lernsoftware ermittelt automatisch die Anzahl passender Aufgaben für die eingestellte Dauer bzw. die für die gewünschte Aufgabenzahl notwendige Zeit. Mit dem Ankreuzfeld rechts neben dem Regler können Sie einen Parameter fixieren, um die Prüfung schwerer oder leichter zu machen.

Klicken Sie auf den Pfeil, um Ihre Prüfung zu beginnen. Wenn Sie eine Aufgabe fertig bearbeitet haben, klicken Sie auf Korrektur oder gehen gleich zur nächsten Aufgabe. Bereits bearbeitete Aufgaben werden gesperrt – falls Sie eine Aufgabe innerhalb der Prüfung nochmals bearbeiten möchten, setzen Sie diese mit **Zurücksetzen** im Kontextmenü des IntelliPlans vorab zurück.

Die Prüfung ist beendet, wenn Sie alle Aufgaben bearbeitet haben oder die Zeit abgelaufen ist. Um die Prüfung bereits vor Ablauf der Zeit zu beenden, klicken Sie mit der Maus auf **Prüfungsaufgaben** in der Menüleiste oder im IntelliPlan. Beendete Prüfungen können nicht wieder aufgenommen werden, sondern müssen zurückgesetzt und wieder von Anfang an bearbeitet werden.

I Gezieltes Lernen mit IntelliPlan

Der IntelliPlan ist die „Schaltzentrale" der Lernsoftware. Hier

- haben Sie alle Lerninhalte und Ihre bisherigen Lernergebnisse im Blick
- wählen Sie aus, was Sie üben möchten
- stellen Sie eigene Lektionen und Prüfungen zusammen oder definieren individuelle Lernwege
- drucken Sie Übungen, Vokabelkarten, Lernhefte oder den IntelliPlan
- exportieren Sie die Hörtexte für Ihren CD- oder MP3-Player
- übernehmen Sie Lerninhalte für den iPod
- markieren Sie Einträge mit Lesezeichen oder speichern Notizen

1 Organisation der Lerninhalte im IntelliPlan

Im IntelliPlan gibt es zwei Typen von Elementen:

Lerneinheiten (Ordner) enthalten weitere Ordner oder Lernelemente (Fotogeschichten oder Übungen). Die Namen von Ordnern sind fett geschrieben und haben ein Plus- oder Minussymbol zum Öffnen und Schließen des Ordners. Es gibt drei Typen von Ordnern:

- **Lernordner** (schwarze Schrift, Übungen sind „normal" zu bearbeiten)
- **Testordner** (blaue Schrift, Übungen sind im „Testmodus", d.h. ohne Hilfsmittel und mit Zeitbeschränkung)
- **Vokabeltraining** (grüne Schrift) hier verwalten und trainieren Sie Ihre Vokabeln

Lernelemente (Fotogeschichten, Video-Dialoge und Übungen) sind nicht fett geschrieben und haben in der Spalte **Typ** ein Symbol für den Übungstyp.

Inhalt		Ergebnis	Ausspr.	Dauer	Datum	Niveau	Fertigkeit
Hiking	abl					2	Grammatik
On a hike	abl					2	Grammatik
Ken and Patty						2	Textverständnis
A hike at the El Capitan						2	Grammatik

2 Informationen in den Spalten von IntelliPlan

In den einzelnen Spalten speichert IntelliPlan alle Informationen über Ihren Lernfortschritt. So haben Sie immer genau im Blick, welche Inhalte Sie schon bearbeitet haben, welches Ergebnis Sie dabei erzielt haben, und was als Nächstes ansteht.

Die Werte für jede einzelne Übung sehen Sie direkt rechts neben der Übung im IntelliPlan. Bei den Ordnern (Lerneinheiten, Lektionen, Tests) wird, bezogen auf alle untergeordneten Übungselemente das Gesamtergebnis, die Gesamtdauer (Summe) und das letzte Bearbeitungsdatum angezeigt.

Eine Lerneinheit (Ordner) wird mit 100% bewertet, wenn Sie alle untergeordneten Übungen bearbeitet und jeweils 100% erreicht haben. Daher ist zu Beginn Ihres Sprachtrainings die Gesamtbewertung zunächst sehr niedrig, weil ein Großteil der Übungen ja noch nicht bearbeitet wurde.

Die Ergebnisse von Tests oder Prüfungen (im IntelliPlan zu erkennen an der blauen Schriftfarbe) gehen nicht in die Gesamtbewertung ein.

Spaltenüberschrift	Beschreibung
Inhalt	Hier finden Sie von oben nach unten die Abfolge von Lektionen und Übungen.
Ergebnis	zeigt das Ergebnis der letzten Korrektur an.
Aussprachebewertung	zeigt die Bewertung Ihrer Aussprache an (stimmt zu X% mit der eines Muttersprachlers überein)
Datum	An diesem Datum haben Sie die Übung das letzte Mal korrigiert.
Dauer	So lange haben Sie zur Lösung der Übung bis zur Korrektur gebraucht. Wenn Sie die Übung mehrfach gelöst haben, finden Sie hier die insgesamt benötigte Zeit. Das Aussprachetraining wird zeitlich nicht erfasst.
Typ	Symbol für den Übungstyp
Zusatzinformation	Hörverständnisübung und/oder Lösung der Übung mit Spracheingabe
Fertigkeit	Aussprache	Wortschatz	Hörverständnis	Textverständnis	Grammatik
Niveau	**1** leicht	**2** mittel	**3** schwierig
Diktatergebnis	Ergebnis für Diktatübungen (nur im Vokabeltraining)
Notiz	zeigt ein Lesezeichen oder eine Notiz an

■ Ergebnis und Aussprachebewertung werden in Prozent angegeben:

rotes Symbol	0 bis 49%	~ Note 6 bis 4
gelbes Symbol	50 bis 79%	~ Note 3 bis 2
grünes Symbol	80 bis 100%	~ Note 1

3 Bedienung von IntelliPlan

Der IntelliPlan funktioniert wie der Explorer von Windows. Mit den Pfeil-Symbolen blenden Sie die Inhalte der Ordner ein oder aus. Die Inhalte, die Sie mit der Maus anklicken, erscheinen sofort im Lernfenster.

Am einfachsten bedienen Sie den IntelliPlan mit der Maus. Viele Funktionen können Sie aus dem Kontextmenü aufrufen, das Sie zum jeweils markierten Element durch einen Klick mit der rechten Maustaste einblenden. Die Funktionen beziehen sich immer auf die markierten Elemente, also zum Beispiel:

■ innerhalb der markierten Einträge suchen
■ die gespeicherten Lernergebnisse löschen (Zurücksetzen)
■ einen neuen Ordner, Test oder Prüfung in den markierten Ordner einfügen
■ die markierten Elemente kopieren, einfügen oder entfernen
■ ein Lesezeichen oder eine Notiz einfügen oder entfernen
■ die Vokabeln im markierten Ordner für das Vokabeltraining übernehmen
■ die Wörter im Bereich Vokabeltraining sortieren, zur Wiedervorlage aus-wählen oder in einen Karteikasten einfügen
■ einzelne Übungsseiten, den IntelliPlan, ein persönliches Lernheft oder Vokabeln als Karteikarten drucken
■ Audio für CD- oder MP3-Player exportieren oder Lerninhalte für iPod übernehmen
■ eigene Prüfungen mit dem Prüfungstrainer erstellen

Lernplaner, Prüfungstrainer, Meine Übungen, Meine Vokabeln und Meine Karteikästen

In diesen Ordnern können Sie Ihren persönlichen Sprachkurs definieren, Prüfungen anlegen, individuelle Vokabellisten erstellen und diese in interaktiven Karteikästen trainieren. Diese Ordner lassen sich nicht entfernen, in den Ordnern können Sie Inhalte völlig frei einfügen und löschen.

Eine Übung oder Vokabel kann in einem Ordner nicht mehrfach enthalten sein

Beim Kopieren oder Verschieben von Übungen oder Vokabeln werden nur diejenigen Einträge tatsächlich kopiert oder verschoben, die im Zielordner noch nicht enthalten sind.

Lesezeichen setzen und Notizen einfügen

Markieren Sie die Übung oder den Ordner, zeigen Sie mit der rechten Maustaste das Kontextmenü an und klicken Sie auf **Notiz einfügen**. Als Lesezeichen wird eine leere Notiz auf der Übung eingefügt und in der entsprechenden Spalte im IntelliPlan ein gelbes Symbol gesetzt. Wenn Sie bei der Texteingabe mehr Platz benötigen, ziehen Sie den Notizzettel größer; wenn er wichtige Inhalte verdeckt, ziehen Sie ihn an eine andere Position oder minimieren die Ansicht durch einen Klick auf das Symbol im Titel der Notiz. Damit Sie Ihre Lesezeichen und Notizen einfach finden, zeigt IntelliPlan bei zugeklappten Ordnern, die Lesezeichen oder Notizen enthalten, ein halbtransparentes Symbol an. Zum Entfernen von Lesezeichen oder Notizen markieren Sie die Übung oder den Ordner und wählen **Notiz entfernen**.

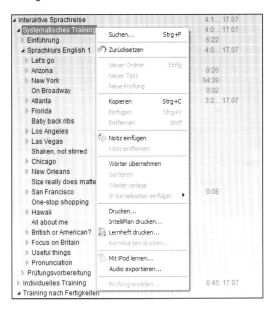

4 Eigene Einheiten oder Tests erstellen

Mit dem IntelliPlan können Sie Ihren eigenen Sprachkurs zusammenstellen. Dazu legen Sie einfach einen neuen Ordner unterhalb des Ordners **Meine Übungen** an und kopieren die gewünschten Elemente (Ordner oder Fotogeschichten/Übungen) hinein.

- Neuen Ordner einfügen: Klicken Sie mit der rechten Maustaste auf den Ordner **Meine Übungen** (oder auf einen untergeordneten Ordner), und wählen Sie aus dem Kontextmenü **Neuer Ordner** aus.

- Neuen Testordner einfügen: Klicken Sie mit der rechten Maustaste auf den Ordner **Meine Übungen** (oder auf einen untergeordneten Ordner), und wählen Sie aus dem Kontextmenü **Neuer Test** aus. Der neue Testordner wird an letzter Position des markierten Ordners eingefügt. Alle Elemente innerhalb eines Testordners sind automatisch im „Testmodus" (blau markiert).

Vokabeltraining

Im grün markierten Bereich des IntelliPlans finden Sie die Ordner des Vokabel-trainings:

- Vokabelliste: die Gesamtübersicht über alle Vokabeln. Solange Sie noch keine Wörter für das Vokabeltraining ausgewählt haben, ist diese Liste leer.

- Meine Vokabeln: Hier werden Vokabeln eingefügt, trainiert und verwaltet.

- Meine Karteikästen: Die interaktiven Karteikästen sind eine komfortable Methode, um Vokabeln systematisch zu üben und zu wiederholen.

1   Wörter für das Vokabeltraining auswählen

Diejenigen Wörter, die Sie gezielt üben möchten, markieren Sie zunächst im Sprachkurs und übertragen Sie dann in den Ordner **Meine Vokabeln**.

- Klicken Sie ein Wort in einer Übung mit der rechten Maustaste an, um das Wörterbuch anzuzeigen. In der Titelleiste des Wörterbucheintrags klicken Sie auf das Symbol **A**, um das Wort in **Meine Vokabeln** zu übernehmen.

- Markieren Sie im IntelliPlan Übungen oder Ordner, blenden Sie mit der rechten Maustaste das Kontextmenü ein und wählen Sie die Option **Wörter übernehmen**. Alle Vokabeln der markierten Übungen werden in **Meine Vokabeln** übernommen.

2   Einträge in „Meine Vokabeln" organisieren

Beim Übernehmen von Vokabeln aus dem Sprachkurs werden diese in den Ordner **Meine Vokabeln** eingetragen und erscheinen damit automatisch auch in der globalen **Vokabelliste**. Innerhalb von **Meine Vokabeln** lassen sich Vokabeleinträge und Ordner mit den gewohnten Funktionen des Intel-liPlans bearbeiten und verwalten (kopieren, verschieben, usw.).

Vokabeln entfernen

Markieren Sie ein oder mehrere Wörter im IntelliPlan, klicken Sie mit der rechten Maustaste und wählen Sie **Entfernen** aus dem Kontextmenü. Wenn Sie Vokabeln in **Meine Vokabeln** oder **Meine Karteikästen** löschen, werden sie aus dem jeweiligen Ordner entfernt. Falls Sie sie aus der globalen **Vokabelliste** entfernen, werden sie komplett gelöscht und auch aus allen anderen Ordnern des Vokabeltrainings entfernt.

Vokabeln sortieren

Mit der Option **Sortieren**, die Sie nach einem Rechtsklick auf einen Ordner aus dem Kontextmenü auswählen, legen Sie die Sortierordnung für alle Einträge in diesem Ordner fest. Im Sortierfenster wählen Sie durch Klick auf die Spaltenüberschriften die Sortierrichtung aus und legen durch Verschieben der Spaltenüberschriften mit der Maus die Sortierreihenfolge fest. Das Zurücksetzen der Sortierung stellt den Ausgangszustand (alphabetisch) wieder her.

3 Vokabeln trainieren

Im Lernfenster werden für jeden Ordner vier Symbole angezeigt:

- Vokabelliste (Ansicht): Zeigt alle Vokabeln in diesem Ordner auf Karteikarten in der Sortierung, die im IntelliPlan eingestellt wurde.

- Einprägen (Übungsform): Überlegen Sie, ob Ihnen die Übersetzung einfällt und überprüfen Sie mit der **Alt**-Taste, ob Sie richtig liegen. Klicken Sie rechts oben in der Menüleiste entsprechend auf den roten (nicht gewusst) oder grünen (gewusst) Pfeil, um das nächste Wort anzuzeigen. Mit einen Klick auf das Augensymbol in der linken oberen Ecke der Karteikarten wechseln Sie die Sprachrichtung.

- Übersetzen (Übungsform): Tragen Sie die gesuchte Vokabel in das Eingabefeld auf der linken Karteikarte ein. Alternativ können Sie das Wort auch in Ihr Mikrofon sprechen (dazu muss die Spracherkennung aktiviert sein). Mit Klick auf **Korrektur** oder der **Return**-Taste überprüfen Sie Ihre Eingabe, mit dem Pfeilsymbol rechts oben in der Menüleiste zeigen Sie das nächste Wort an.

- Diktat (Übungsform): Klicken Sie auf das Lautsprechersymbol, hören Sie sich das Wort an, und tragen Sie es in das Eingabefeld auf der linken Karteikarte ein. Mit Klick auf **Korrektur** oder Druck auf die **Return**-Taste überprüfen Sie Ihre Eingabe, mit dem Pfeil rechts oben in der Menüleiste zeigen Sie das nächste Wort an.

„Spicken verboten"

Beim Auswählen einer Übungsform werden die Vokabeln im IntelliPlan ausgeblendet. Alle Wörter im aktuellen Ordner werden einmal in zufälliger Reihenfolge abgefragt.

Aussprachetraining

Die Aussprache des Wortes können Sie jederzeit – auch mehrfach – trainieren.
Die aktuelle Aussprachebewertung sehen Sie rechts neben dem Video Tutor.

Wiedervorlage

Markieren Sie die gewünschten Vokabeln im IntelliPlan, klicken Sie mit der
rechten Maustaste und wählen Sie **Wiedervorlage** aus dem Kontextmenü.
Im aktuellen Ordner wird nun der Ordner «Wiedervorlage» mit Kopien der
ausgewählten Vokabeln einfügt. Starten Sie das Vokabeltraining durch Anklicken dieses Ordners und Auswählen der gewünschten Übungsform.

Tipp: Sie können die Auswahl der wieder vorzulegenden Wörter vereinfachen,
indem Sie die Vokabeln zuvor entsprechend sortieren (z.B. nach Ergebnis).

4   Vokabeln in einem Karteikasten üben

Markieren Sie im IntelliPlan die Vokabeln, die Sie mit dem Karteikasten üben
möchten, und öffnen mit einem Klick der rechten Maustaste das Kontextmenü.
Wählen Sie mit der Option **In Karteikasten einfügen** den Karteikasten
aus. Die Vokabeln werden automatisch in Fach 1 des ausgewählten Karteikastens eingefügt. Markieren Sie anschließend **Fach 1** des Karteikastens und
wählen im Lernfenster die Übungsform aus.

Der Karteikasten funktioniert wie eine 5-Fächer-Lernkartei, mit der Sie die
Vokabeln systematisch so oft wiederholen, bis sie mit einer sehr hohen Erfolgs-
quote in Ihr Langzeitgedächtnis übergehen. Dabei beginnt die Vokabelabfrage
mit Fach 1, in das zunächst maximal 40 Vokabeln aus der Vokabelliste des
Karteikastens automatisch eingefüllt werden, sobald Sie eine Übungsform
auswählen.

Gelernte Vokabeln wandern ein Fach weiter, nicht gewusste Wörter wieder zurück in Fach 1, und werden damit automatisch wiederholt. Das Lernprogramm sortiert die Vokabeln automatisch und organisiert die Wiedervorlage: Sie wählen lediglich die Übungsform und arbeiten so lange mit dem Karteikasten, bis alle Vokabeln in Fach 5 gewandert sind.

5 Lernergebnisse

Im IntelliPlan wird beim Trainieren von Vokabeln für jedes Wort das Lernergebnis gespeichert. Bei der ersten Abfrage einer Vokabel ist das Ergebnis entweder grün (gewusst) oder rot (nicht gewusst). Falls eine „grüne" Vokabel bei der nächsten Abfrage wieder gewusst wird, bleibt die Anzeige grün, sonst erscheint gelb. Ist das Wort bei erneuter Wiedervorlage nochmals nicht bekannt, wird das Ergebnis rot, ansonsten wieder grün, usw.

- Grün: Vokabel bekannt
- Gelb: Vokabel „sitzt" noch nicht sicher
- Rot: Vokabel unbekannt

Für jedes Wort werden im IntelliPlan die folgenden Informationen gespeichert:

- Ergebnis: das Ergebnis bei den Übungsformen Einprägen und Übersetzung
- Aussprache: die Bewertung der Aussprache für diese Vokabel
- Diktat: das Ergebnis bei der Übungsform Diktat
- Datum: letzte Wiedervorlage für dieses Wort.

Bei den Ordnern wird zusätzlich auch die Lernzeit für die Vokabeln angezeigt.

Ergebnisse zurücksetzen

Auch wenn eine Vokabel in mehreren Ordnern oder Karteikästen enthalten sein kann, werden die Lernergebnisse für diese Vokabel zentral in der Vokabelliste gespeichert. In den einzelnen Ordnern sehen Sie jeweils das Gesamtergebnis für dieses Wort. Entsprechend lässt sich das Ergebnis auch nur in der Vokabelliste zurücksetzen: Klicken Sie ein oder mehrere Wörter mit der rechten Maustaste an und wählen Sie **Zurücksetzen** aus dem Kontextmenü.

⟨ Lernhefte drucken und Hörtexte exportieren

Wenn Sie auch einmal ohne Computer weiterlernen möchten, drucken Sie sich einfach ein persönliches Lernheft aus. Dazu markieren Sie die gewünschte Lerneinheit oder einzelne Übungen im IntelliPlan, öffnen mit einem Klick der rechten Maustaste das Kontextmenü und wählen **Lernheft drucken**.

Auf die gleiche Art und Weise stellen Sie die zu den Lerneinheiten oder Übungen passenden Hörtexte zusammen und geben diese für die Übernahme auf Ihren CD- oder MP3-Player aus: Markieren Sie die gewünschten Inhalte im IntelliPlan und wählen Sie **Audio exportieren**, um die MP3-Dateien auf Ihrem Computer zu speichern. Anschließend brennen Sie sich eine Audio-CD oder übertragen die Audiodateien auf Ihren MP3-Player.

Mit iPod lernen

Zusätzlich zur Funktion **Audio exportieren**, mit der Sie Audiodateien passend zum Lernheft zusammenstellen und mittels iTunes auf Ihren iPod übernehmen, lassen sich Text- und Audiodateien auch gemeinsam auf den iPod übertragen: So erstellen Sie zum Beispiel Ihren persönlichen iPod-Vokabeltrainer.

- Markieren Sie den gewünschten Ordner bzw. einzelne Fotogeschichten oder Vokabeln im IntelliPlan und öffnen Sie mit einem Klick der rechten Maustaste das Kontextmenü. Wählen Sie die Option **Mit iPod lernen**.

- Geben Sie im Dialog einen Ordner auf Ihrem PC an, in dem die Lerninhalte gespeichert werden sollen. Die Software legt in diesem Ordner zwei Unterordner an: den Ordner **Audio** mit den Audiodateien und einen zweiten Ordner mit den Texten zu den Lerninhalten.

- Übertragen Sie den Inhalt des Ordners **Audio** mit iTunes auf Ihren iPod.

- Übertragen Sie den Ordner mit den Textinformationen mit dem Windows-Explorer in den Ordner **Notes** auf Ihrem iPod.

- Zum Wiedergeben wählen Sie auf Ihrem iPod über die Menüs **Extras** und **Notizen** den gewünschten Ordner aus. Zeigen Sie die Lerninhalte an und wählen Sie die unterstrichenen Begriffe aus, um die Audiotracks anzuhören.

M Online-Portal mit Live-Unterricht und weiteren Services

Im **Online-Portal** im Internet finden Sie viele interessante Angebote und nützliche Zusatzmaterialien. Rufen Sie die jeweiligen Funktionen über die Icons in Ihrem Lernportal auf:

- **Live-Unterricht**
  Buchen Sie Ihre nächste Unterrichtsstunde und treffen Sie Ihren Sprachlehrer und weitere Lerner im Virtual Classroom.
- **Mobil lernen**
  Nutzen Sie interaktive Videos direkt auf Ihrem Smartphone.
- **Karaoke-Aussprachetraining**
  Perfektionieren Sie Ihre Aussprache mit interessanten Reden und vielen weiteren spannenden Originaltexten.
- **Online-Magazin**
  Lesen Sie aktuelle Artikel und das „Wort der Woche" in Ihrer Lernsprache.
- **Newsfeed und Newsletter**
  Abonnieren Sie Nachrichten und weitere Informationen zu Sprache, Land und Kultur.
- **dp-Diplom**
  Lassen Sie sich Ihre Sprachkenntnisse nach Kursabschluss mit dem offiziellen Diplom zertifizieren.